인터넷에서 자료 찾기

어스본 바로가기(usborne.com/quicklinks)에 방문해서 검색창에 'Lots of things to know about Seas and Oceans'를 입력해 보세요. 바다에 관련된 영상을 보거나 퀴즈를 풀 수 있고 더 많은 정보를 접할 수 있어요.

'어스본 바로가기'에서는 인터넷 안전 지침을 지켜 주세요. 어린이가 인터넷을 사용하는 동안 보호자가 옆에서 지도해 주세요.

빙산은 물에 잠겨 보이지 않는 부분이 훨씬 더 크다는 사실을 알고 있었나요?

우아, 신기하네요! 그런데 **빙산**이 뭐예요?

62쪽 〈낱말 풀이〉에서 단어 뜻을 찾아봐. 63-64쪽 〈찾아보기〉에서는 궁금한 주제가 어디에 실려 있는지 확인할 수 있어.

바다 생물 중 대다수는 맨눈으로 볼 수 없어요

바다에는 **플랑크톤**이라는 작디작은 생물이 가득해요. 많은 플랑크톤이 현미경으로 봐야 보일 만큼 아주 작지요. 지구의 모든 바다에 사는 플랑크톤 수를 헤아리면 아마 수십억에서 수천억에 이를 거예요. 하늘에 있는 별보다도 더 많은 수예요.

플랑크톤은 종류가 많아요.
그중 **식물 플랑크톤**은 작은 식물이라고 할 수 있어요.
햇빛을 받아야 자랄 수 있고,
동물이 살아가는 데 필요한 산소를 내놓지요.

우리는 헤엄을 못 쳐요.
그냥 바닷물을 따라
둥둥 떠다녀요.

동물 플랑크톤은 작은 동물이에요.
물고기, 문어, 갑각류 같은
다양한 바다 생물의 유생*들도
동물 플랑크톤에 속해요.

*동물의 어린 것

거의 모든 바다 생물들이
플랑크톤을 먹어요. 우리가 없으면
바다에 사는 생명체는
대부분 살아남지 못할 거예요.

상어 이빨이 얼마나 많은지 상상도 못 할 거예요

상어가 아아아아 하고 입을 벌리고 있어요! 입속을 자세히 들여다보아요!

사람은 이가 위아래로 한 줄씩만 가지런히 나요.
하지만 **상어**는 이빨이 **여러** 줄로 겹겹이 나요.

황소상어는 이빨이 50줄이나 나요.

하지만 상어 이빨은 잇몸에
지탱해 줄 뿌리가 없어서
금세 뽑혀 나와요.
상어는 이빨이 날마다
몇 개씩 빠지지요.

피용!

산호의 생일을 축하합니다!

산호는 바닷속에 사는 작디작은 동물이에요. 산호 수백만이 모여서 **산호초**를 이루지요. 만약 여러분이 태평양에 사는 산호라면, 생일 축하를 혼자 받는 일은 없을 거예요. 주변에 있는 산호들 모두 생일이 똑같거든요!

조류가 건강해야 산호가 화사해요

조류는 아주 조그마한 식물 같은 생물이에요. 조류 없이는 산호가 알록달록하지 못할 거예요. 사실, 산호는 조류가 없다면 살아갈 수도 없어요.

산호는 대부분 따뜻하고 얕은 바다에 살아요. 그리고 조류는 산호 속에 살아요. 조류는 햇빛을 받아 자라나고, 산호는 조류를 안전히 품어 줘요.

우리 조류는 산호에게 에너지를 주는 당분을 만들어 내요.

산호는 몸속 조류와 함께 화학 물질을 생산해요. 이 물질 때문에 산호가 노랑, 보라, 파랑, 초록, 빨강 등 화사한 빛깔을 띠는 거예요.

빛깔이 알록달록 예쁘군!

그런데 이 산호는 새하얘요! 왜 이렇죠?

바닷물이 너무 따뜻해지거나 바다에 해롭고 독한 물질이 들어오면 조류가 산호를 떠나. 그러면 산호는 하얗게 변하며 죽어 가지.

바다에는 빛이 가득해요

여러 바다 생물이 몸에서 눈부신 빛을 낼 수 있어요. 이것을 생물 발광이라고 해요. 바다에서 빛을 내는 동물들을 만나 보아요.

야광충은 바다 표면에 거대하게
무리 지어 떠 있는 작은 생물이에요.
방해를 받으면 빛을 내요.

해파리는 자신을
잡아먹으려 하는
다른 동물에게 혼란을 주려고
몸에서 빛을 내요.

거미불가사리는 빛을 내는 다리 하나를
똑 떼어 내요. 떨어져 나간 다리에
사냥꾼이 눈길이 쏠리면...

...거미불가사리는 안전한 곳을 찾아
멀리멀리 도망치지요.

하하하!

오, 이거
맛있겠는데!

어떤 오징어는 빛을 내서
다른 오징어와
'소통'을 해요.

버뮤다 갯지렁이 암컷은 수컷의 관심을 끌려고 몸에서 빛을 내요.

나 여기 있어!

저는 몸에서 빛을 못 내는데, 다들 어떻게 하는 거예요?

몇몇 종류는 빛을 내는 물질을 자기 몸속에서 만들어 내. 다른 종류는 '박테리아'라는 작디작은 생물이 몸속에 들어서 빛을 내는 거야.

도끼고기는 배 밑부분에서 빛을 내요. 아래에서 올려다보면, 수면으로 들어온 빛과 배 밑에서 나는 빛이 뒤섞여서 도끼고기가 잘 보이지 않아요.

어디로 갔지?

아하!

맛있겠군!

심해 아귀는 머리에 작은 초롱불을 달고 다녀요. 이 불빛은 바다 생물들이 헤엄쳐 오면, 심해 아귀가 덥석 삼키지요.

해초 치약 쓸 사람?

웩! 짠맛이 나는 **해초**로 이를 닦는다니, 아마 내키지 않을 거예요. 그런데 어쩌면, 이미 해 봤을지도 몰라요. 사실 우리는 날마다 해초로 만들어진 것들을 사용하거나수 먹고 있거든요.

해초는 음식을 걸쭉하게 만드는 데 쓰여요.
또 음식을 더욱 부드럽게 만들어서 따르거나 펴 바르기 쉽게 해 주지요.

슈퍼 해초!

해초는 이미 많은 곳에서 쓰이고 있어요. 하지만 우리는 해초를 훨씬 더 많이 키우고, 먹고, 활용해야 해요. 왜냐하면…

해초에는 비타민이 가득하고 그 밖에 몸에 좋은 성분이 많이 들어 있어요. 짭짤한 양배추 같은 맛이 나는 종류도 있어요!

해초를 먹읍시다!

해초 사랑

일반적인 농업과 달리 해초 재배는 땅을 많이 차지하지도, 민물과 화학 물질을 사용하지도 않아요.

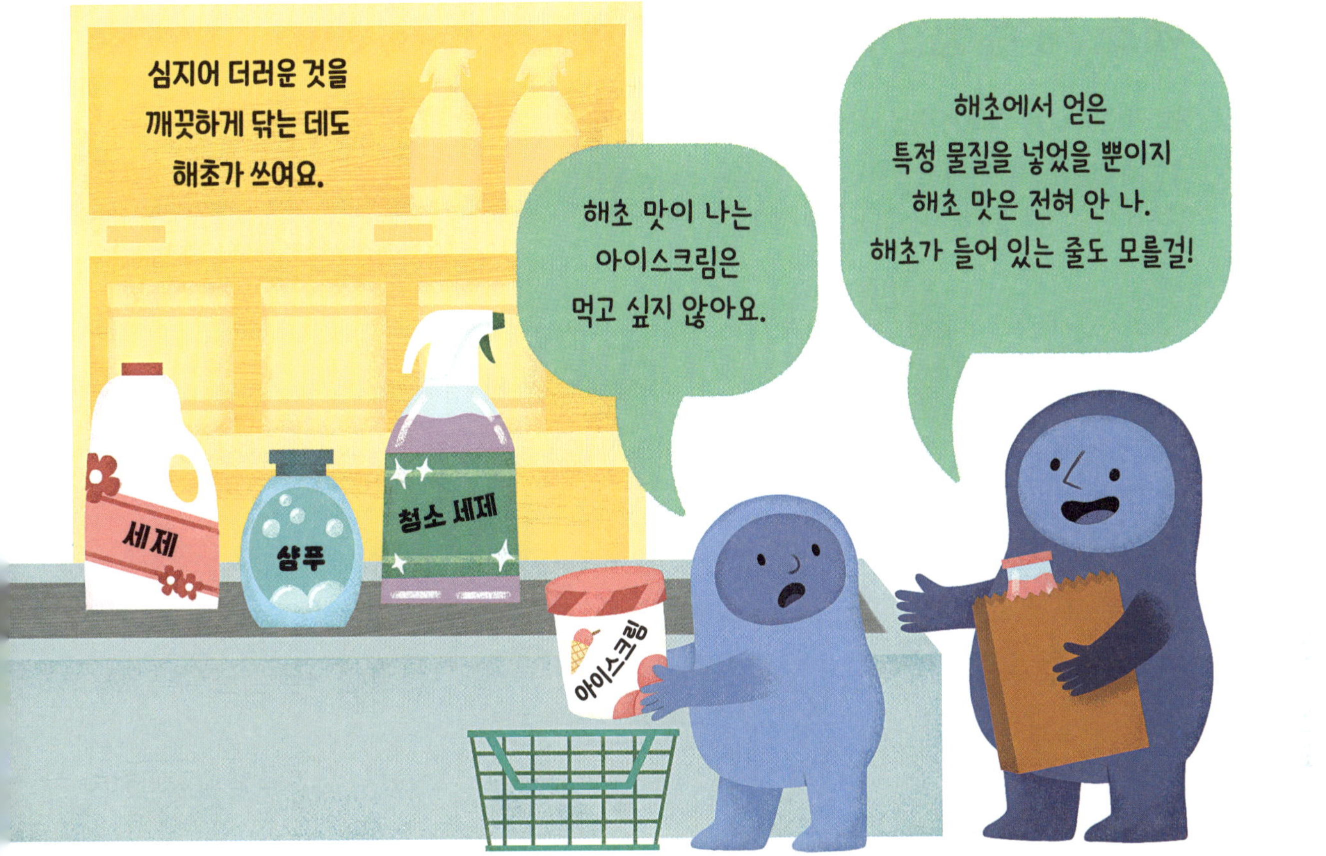
심지어 더러운 것을
깨끗하게 닦는 데도
해초가 쓰여요.
세제
샴푸
청소 세제
해초 맛이 나는
아이스크림은
먹고 싶지 않아요.
해초에서 얻은
특정 물질을 넣었을 뿐이지
해초 맛은 전혀 안 나.
해초가 들어 있는 줄도 모를걸!
아이스크림

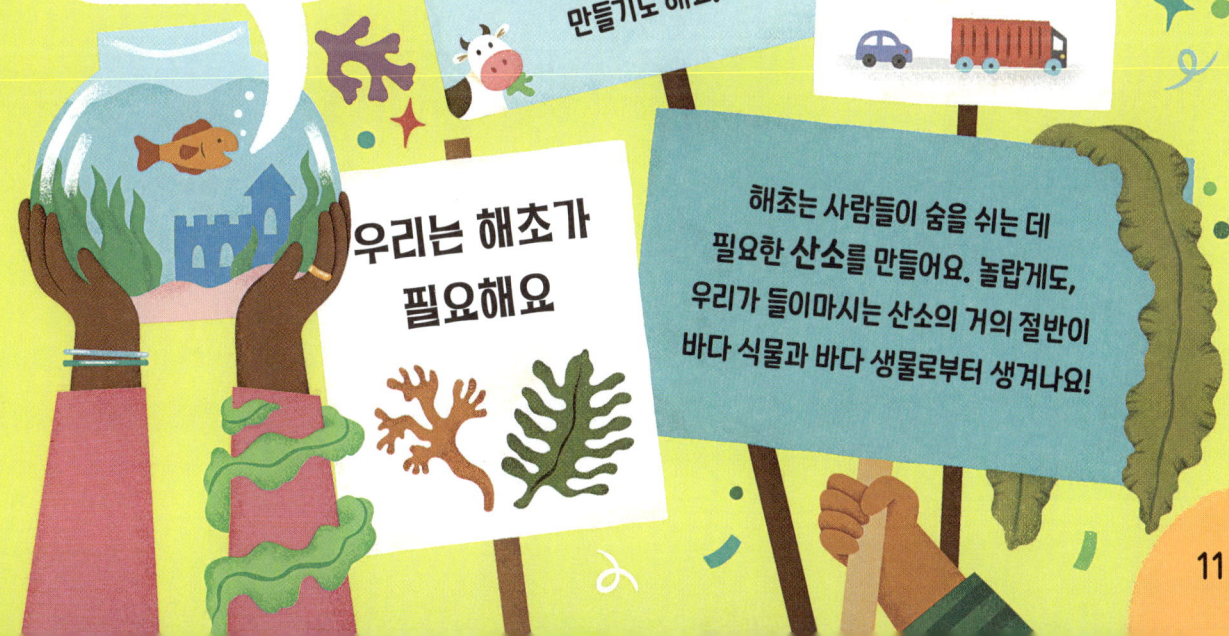

물고기와 여러 바다 생물들이
해초 속에서 살 수 있어요!
해초로 소를 비롯한
가축들이 먹을 사료를
만들기도 해요.
자동차에 쓸
연료도 만들어요!
우리는 해초가
필요해요
해초는 사람들이 숨을 쉬는 데
필요한 산소를 만들어요. 놀랍게도,
우리가 들이마시는 산소의 거의 절반이
바다 식물과 바다 생물로부터 생겨나요!

블롭피시가 흐물거리지 않을 때는 언제일까요?

바로 물속에 있을 때예요! 아래 신문을 읽으면 이유를 알 수 있어요.

9월 16일 일요일 • 제140호　　　　　　　　　　　데일리 딥

세상에서 가장 못생긴 물고기!

세상에서 가장 못생긴 물고기로 뽑힌 주인공을 보고 싶나요?
바로 블롭피시예요! 진짜 특이하게 생겼지요?

블롭피시는 깊고 어둡고 차가운 바닷속에 살아요. 수면 아래로 1,200미터나 내려간 곳에서요.

대부분의 물고기와는 달리 블롭피시는 몸이 젤리처럼 물렁물렁하고 살이 흐물흐물 늘어져요.

죽어서 바닷가로 떠밀려 온 블롭피시.

블롭피시는 오래오래 살아요. 100년 넘게 살기도 해요!

9월 17일 월요일 　　　　오션 타임스 　　　　제308호 · 1814년 창간

블롭피시가 가장 못생겼다는 말은 취소해야만 해요

블롭피시는 깊은 바닷속을 헤엄쳐 다닐 때는 전혀 못생겨 보이지 않아요!

바닷속으로 깊이 들어갈수록 물의 무게가 누르는 압력이 더 심해져요.
블롭피시는 이렇게 수압이 높은 심해에서 살아왔어요.
그곳에서는 블롭피시도 여느 물고기와 비슷한 모습이에요.

그런데 블롭피시가 수면으로 올라오면, 몸을 짓누르던 수압이 낮아져서 살이 처져 보이는 거예요.

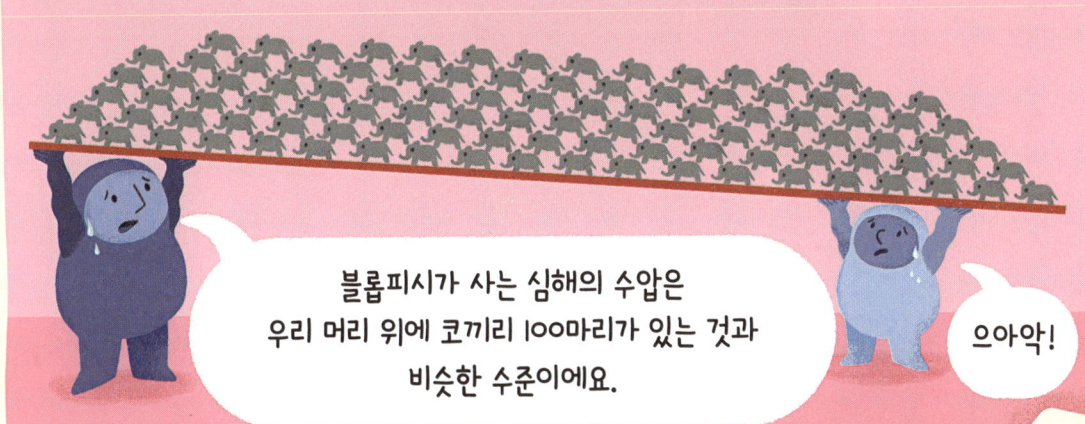

블롭피시가 사는 심해의 수압은 우리 머리 위에 코끼리 100마리가 있는 것과 비슷한 수준이에요.

으아악!

고대 바다의 괴물을 찾아서

우리 모두 수백만 년 전으로 돌아가 봐요.
육지에 공룡들이 어슬렁거리고,
바다에도 크고 무시무시한 동물들로 가득해요.

이를테면…

엘라스모사우루스
아주아주 긴 목을 쭉 뻗어서 엄청나게 날카로운 이빨로 물고기를 낚아채요.

메갈로돈
거대하고 무시무시한 상어로, 오늘날 백상아리보다 세 배는 더 커요.

벨렘나이트

플라코돈트
거대한 바다 파충류예요! 거북을 닮았어요. 조개 등을 잡아 먹어요.

이런 게, 저런 게, 여러 가지 게!

전 세계 바다와 해변에는 약 4,000종에 이르는 다양한 게가 살아요. 생김새와 크기가 저마다 다 다르지요. 여기 그중 일부를 소개할게요.

캔디 크랩은 밝은 분홍색이에요. 산호를 잘게 부순 뒤 산호 조각을 등에 붙여서 다른 동물들 눈에 띄지 않도록 몸을 숨겨요.

말미잘부채게는 독침을 쏘는 말미잘을 집게로 들고 다니며 다른 동물을 겁줘요.

으스스하고 창백한 **유령게**는 해변에 굴을 파고 숨어 살아요. 밤에 먹이를 찾으러 나와요.

스으으으윽!

흰해삼속살이게는 작아요. 겨우 강낭콩만 해요! 이 그림이 거의 실제 크기예요.

설인게는 깊은 바닷속에 살아요. 집게발이 길고 몸에 털이 북슬북슬하게 나 있어요.

우리 털에 박테리아라는 작은 생물이 살아요. 우리는 그걸 먹고 살지요.

네 껍데기가 내 껍데기보다 좋아 보여!

집게는 다른 게와는 달라요. 게는 대개 부드러운 몸통을 감싸는 단단한 껍데기가 있어요. 그런데 집게는 몸에 껍데기가 자라지 않아서 다른 바다 생물의 껍데기를 뒤집어써야 해요. 그런데 주변에 껍데기가 많지 않으면 어떻게 할까요?

여자는 선원이 될 수 없었어요

약 100년 전까지만 해도, 여자가 선원이 되려면 남자로 변장해야만 했어요. 실제로 그렇게 해 가며 배를 탔던 대담한 여성들을 만나 보아요.

메리 레이시
바다 생활 기간 : 1759-1772년
업적 : 여성 최초로 배를 만드는 목수로서 자격을 인정받고 연금도 받았어요.

나는 겨우 19세에 집을 나와 해군에 들어갔어요. 13년 동안 남자로 변장하고 살았지요. 내가 진실을 모두 털어놓고 해군을 떠났지만 해군은 내게 연금을 주었어요.

윌리엄 브라운(실제 이름은 모름)
바다 생활 기간 : 1804-1815년
업적 : 영국 왕립 해군에서 복무한 최초의 흑인 여성이에요.

나는 11년 동안 비밀을 지키며 해군에서 복무한 것을 자랑스럽게 생각해요. 내 초상화는 하나도 없어요. 내 진짜 신원에 대해서는 아직 아무도 몰라요.

나와 메리는 무시무시한 해적이었어. 유명한 해적인 캘리코 잭의 부하였지.

해적단이 체포되어 감옥에 갇히면서 우리 정체가 드러났어!

앤 보니와 메리 리드
바다 생활 기간 : 1715-1720년
업적 : 남자 행세를 하며 활동했던 여성 해적으로 유일하게 기록이 남아 있어요.

잔 바레
바다 생활 기간 : 1766-1769년
업적 : 여성 최초로 배를 타고 세계를 일주했어요.

나는 남자 조수로 변장하고서, 전 세계의 식물을 수집하러 떠나는 프랑스 과학 탐험대의 배에 올랐어요.

우아, 다들 진짜 용감했네요!

여기까지가 오늘날 우리에게 밝혀진 사람들이야. 아마 아직 알아내지 못한 사람이 훨씬 더 많을 거야.

슈퍼 바닷새

전 세계 바다와 바다 주변에 거의 350종에 달하는 다양한 새가 살고 있어요.
바닷새들은 꽤 놀라운 일들을 할 수 있어요.

군함새는 두 달 동안 계속 날 수 있어요.
하늘을 날면서 10초씩 짧게 잠을 자요.
하루 수면 시간은 통틀어 45분쯤 돼요.

뇌 반쪽만 잠자는 상태로 있지요.

쿨쿨쿨쿨

쿨쿨쿨쿨

바닷새는 거의 대부분 **기름샘**이 있어
깃털에 기름을 발라서 **방수** 처리를 해요.
그래서 물고기를 잡으려고 물속으로
뛰어들어도 젖지 않아요.

가마우지는 기름샘이
없어요. 그래서
물속으로 뛰어들고 나면
매번 날개를 펼쳐서
물기를 말려야 해요.

펭귄은 평생의 4분의 3만큼을
바다에서 보내요.
다른 어떤 새보다도 물속 깊이
들어가고 빠르게 헤엄칠 수 있어요.

황제펭귄은 놀랍게도
550미터 깊이까지
잠수할 수 있어요.

젠투펭귄은 한 시간에
35킬로미터를 이동할 만큼
빠르게 헤엄쳐요.

슈우우우웅!

바닷새들의 눈에는 **선글라스** 역할을 하는
빨간색 기름 방울이 들어 있어요.
바다와 모래에서 번뜩이는
환한 빛을 막아 주지요.

바닷새는
짠 바닷물도 마셔요.
소금은 새들에게 해로워요.
새들은 소금기를 없애기 위해서
콧구멍 밖으로 밀어내지요.

앨버트로스는 먼 거리를 이동하는 새예요.
회색머리앨버트로스는 전 세계를
46일 만에 날 수 있어요.
앨버트로스는 물 위에서 쉬어요.

그리고 **나그네앨버트로스**는
땅에 내려앉지 않고 바다에서
4년까지 보낼 수 있어요.

앨버트로스는 새들 중에서도 오래 살 수 있어요.
가장 나이 많은 앨버트로스는
70세가 넘은 걸로 짐작되어요.

나는 기세에도
알을 낳아 새끼를
길렀어요.

21

멋진 바다 풍경도 보고 가세요

바다에도 숲이 있다는 사실을 알고 있었나요? 폭포와 강, 심지어 화산도 있어요.
마른 땅에만 있는 줄 알았던 것들을 바다에서도 찾을 수 있지요.
함께 살펴볼까요?

울창한 숲속을 탐험해요

바다에는 숲이 수백 개나 있어요.
이 숲에는 나무 대신, 기다란 해초류인 켈프가 빽빽이 나 있어요.
마법처럼 신비로운 켈프 사이사이에 바다 생물들이 살고 있지요.

육지의 열대 우림이 중요하듯,
켈프 숲도 굉장히 중요해요.
수천에 이르는 다양한 동물이
켈프 숲에서 보금자리와 먹을 것을
구하며 살아가고 있어요.

세찬 강을 따라 달려 보아요

세계에서 가장 길고 물살이 가장 빠른 어떤 강들은 바다 밑바닥에 넓게 걸쳐 흐르고 있어요. 두툼하고 질퍽한 모래로 이루어진 강이지요.

세계에서 가장 높은 폭포를 만나요

그린란드와 아이슬란드 사이에 있는 바다 밑에 높은 폭포가 있어요. 땅 위에서 가장 높은 폭포보다도 세 배나 더 높아요.

이 폭포는 차가운 해류가 바다 밑바닥으로 가파르게 떨어지면서 생겨났어요.

깊은 바닷속에 있는 놀라운 화산을 만나요

깊고 깊은 바닷속에 해저 화산이 어림잡아 수백만 개쯤 있다고 해요. 땅속을 흐르던 뜨거운 마그마가 바다 밑바닥의 틈새로 부글부글 솟구쳐 올라오는 거예요.

저녁 식사하러 빙산으로!

북극 대륙 주위에는 거대한 얼음덩어리가 둥둥 떠 다녀요.
육지에서 떨어져 나온 빙산이 차디찬 남극해로 흘러가지요.
수많은 배고픈 생물이 그 빙산을 뒤따라가요.

빙산은 수천 년이 넘는 세월 동안
눈과 얼음이 층층이 쌓이고 다져져 만들어졌어요.

눈에는 진흙과
작은 바위 조각들이 섞여 있고
공기 방울도 갇혀 있어요.

물 위로 드러나 있는 곳은
빙산의 전체에 비하면
아주 작은 부분이에요.

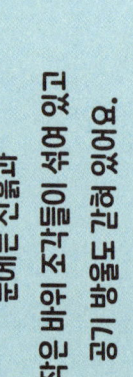

자연아!

1
빙산이 녹으면 얼음 속의
진흙과 바위와 공기가
바다로 흘러들어요.
식물 플랑크톤들이
그것을 먹어요.

2
크릴과 바다 벌레 같은
작은 바다 생물들이 식물 플랑크톤을
먹으려고 떼를 지어 다녀요.

3
물고기가 작은
바다 생물들을
먹으러 와요.

4
펭귄과 다른 바닷새들이
물고기와 크릴을
사냥해요.

5
바다표범이 바닷새와
물고기를 사냥하며 빙산 주위를
씽씽 헤엄쳐 다녀요.

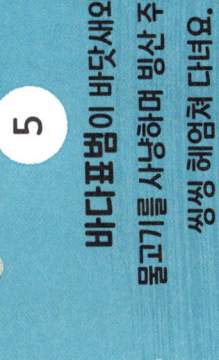

상어를 위한 카페

백상아리는 대개 육지에서 멀지 않은 곳에 살며 먹이를 사냥해요.
하지만 때로는 태평양 한가운데에 머무르기도 해요.

왜냐하면 상어가 잘 먹는 오징어와 물고기가 가득한 곳이기 때문이지요!
이 지역은 인기가 많아서 **백상아리 카페**라는 별명이 생겼어요.

겨울이면 상어들이
북아메리카 곳곳에서 이곳으로
100일 정도 걸려서 헤엄쳐 와요.

백상아리가 여기까지 오는 이유는 가장 좋아하는 먹이인 **코끼리바다물범** 때문이에요.
여름에는 코끼리바다물범이 해안을 따라서 바닷속에 머물러요.
하지만 겨울에는 물범들이 번식을 위해 뭍으로 올라가서,
상어들이 다른 좋은 먹이를 찾아 이동하는 거예요.

문어를 위한 도시

옥토폴리스에 오신 것을 환영합니다! 이곳은 **문어**들이 먹이와 친구를 찾고, 보금자리를 만들기 위해 모이는 곳이에요. 하지만 조심해요! 도시 생활이 언제나 평화롭지만은 않으니까요.

문어는 대개 혼자 살아요. 그런데 과학자들이 오스트레일리아 동남쪽 저비스만의 해저에 15마리가 넘는 문어들이 함께 사는 것을 발견했어요.

과학자들은 이 장소가 물 속에 있는 도시 같다고 생각했어요. 그래서 문어를 뜻하는 '옥토'와 도시를 뜻하는 '폴리스'를 합쳐 별명을 지어 주었지요.

문어들은 굴을 파서 집을 짓고 주위를 조개껍데기로 덮어요.

저리 가!

가장 멋진 집을 차지하려고 싸우고, 마음에 안 드는 문어들은 쫓아내기도 해요.

조개껍데기에 손대지 마시오!

여기 내 집이야.

아니야, 내 집이야!

우리는 이곳에 먹을 만한 조개가 많아서 모여 있어요.

달은 바다로 뒤덮여 있어요

하지만 달의 바다는 지구에서 볼 수 있는 바다와는 달라요.
사실, 달에는 물이 거의 없어요.

달에 짙은 얼룩처럼 보이는 부분이
많다는 걸 혹시 알아챘나요?
달을 더 가까이 볼 수 있기 전에는
그런 부분에 분명히 물이
있을 거라고 여겨졌어요. 그래서
바다나 **대양**이라고 불렀지요.

달에 작은 바다가
약 20개,
큰 대양이 한 개 있군.

오늘날에는 그 짙은 부분이
바다가 아니라, 커다랗고 메마른
구덩이라는 사실이 잘 알려져 있어요.
이 구덩이들은 수백만 년 전에
우주 암석이 달에 부딪쳐서 생긴 거예요.

아, 그런데 저는
수영하고 싶어요!

달 같은 위성을 가진 행성은
지구 말고도 또 있어.
다른 곳을 찾아보자.

다른 위성에도 바다가 있어요

우주 저 멀리, 목성과 토성이라는 행성도 각각 위성을 가지고 있어요. 목성의 위성으로는 **유로파**와 **가니메데**가 있고, 토성의 위성으로는 **엔켈라두스**가 있지요. 이 위성들의 두꺼운 얼음층 밑에는 지구에 있는 바다보다 더 큰 바다가 있어요.

얼어붙어 있는 표면을 벗겨 내면 가니메데는 바다로 덮여 있을 거예요.

얼음층

이 위성들에서는 때때로 굵은 물기둥이 얼음을 뚫고 솟구쳐 나오기도 해요.

쏴아아아아!

아마 훨씬 더 많은 행성과 위성이 우리가 아직 발견하지 못한 바다를 품고 있을 거예요.

해적이 지켜야 할 규칙

여러분은 **해적들**을 규율도 없이 제멋대로 구는 사람들로 여길지 몰라요. 하지만 해적 선장은 대개 아주 엄격한 규칙을 내걸고 선원들을 단호하게 다스렸어요. 규칙을 어기는 선원은 누구라도 벌을 받았지요.

갑판 청소하기

해적 선원들은 갑판과 사다리, 무기 등 배의 무엇이든 깨끗이 닦고 청소했어요.

"먼지 한 톨도 보이면 안 돼요!"

"배가 더러우면 질병이 퍼져서 모두 앓게 될 테니까요."

용감하게 싸우기

전투가 벌어지면 모든 해적이 싸워야 해요. 도망쳐서는 안 돼요.

"모두 함께 똘똘 뭉쳐야지요!"

하지만 배에서 싸움은 금지

같은 해적단의 선원끼리 배에서 싸우는 건 **절대** 금지였어요.

"저 녀석이 먼저 그랬다고!"

"아니거든!"

재물은 반드시 함께 나누기

획득한 재물은 무엇이든 선원들끼리 공평히 나눠야 했어요. 하지만 해적 선장은 선원의 두 배를 가져갔지요.

"선장님, 그건 불공평해요!"

"내 말에 반대하면 처벌할 거야!"

선원끼리 도둑질은 금지

"거기 서! 내 돈 내놔!"

"도둑질은 용서 못 해!"

저녁 8시에 불 끄기

저녁 8시 정각이 되면, 등불이든 양초든 모든 불을 꺼야 했어요. 모두 잠자리에 들 시간이에요.

"등불이나 양초를 잘못 다뤘다가는 나무로 만든 배가 불타 버릴 거예요!"

가장 흔한 벌은 **섬에 버리기**였어요. 무인도에 그 사람을 내려놓고 배는 떠나 버리는 것이지요. 정말 가혹한 벌이에요!

"돌아와요!"

한때 바다였던 사막

아프리카 북부에 있는 **사하라 사막**은 세계에서 가장 넓은 모래사막이에요. 하지만 사하라 사막의 모래를 자세히 들여다보면 뜻밖에도 조개껍데기 등 바다에서 살았을 법한 생물들의 흔적을 찾을 수 있어요.

약 1억 년 전, 이 사막은 넓고 얕은 바다였어요. **사하라 횡단 해로**라고 부르지요. 바닷속에는 지구 역사상 가장 크다고 손꼽히는 생물들이 헤엄쳐 다녔어요.

해변에는 긴코악어가 살았어요.

바다 메기

피크노돈트
거대한 물고기의 일종

홍합

바다뱀
트럭 두 대를 이은 것보다 더 길어요.

왜 바다가 사막이 됐죠?

시간이 흐르면서 지구의 일부 지역이 점점 더 덥고 건조해졌기 때문이야. 아프리카 북부의 바닷물이 마르고, 식물이 죽고, 흙은 서서히 모래로 변한 거지.

한때 육지였던 바다

영국과 북유럽 사이에 있는 **북해** 한복판에서도 놀라운 것이 발견되었어요. 바다 밑바닥에서 물속에서 살지 않는 고대 생물의 뼈, 식물의 잔해 그리고 고대 도구가 드러난 거예요.

북유럽

북해

영국

약 1만 년 전, 이곳은 너른 초원에 울창한 숲과 습지가 있던 **도거랜드**였어요.

하이에나와 사자 무리가 초원을 돌아다녔어요.

이곳에 살던 사람들은 돌로 만든 창으로 사슴과 매머드를 사냥했어요.

약 8,000년 전, 바다에서 해저 산사태가 잇달아 일어나고 얼음이 녹아내리면서 거대한 파도가 도거랜드를 덮쳤어요. 그때 이후로 이곳은 바다가 되었지요.

세상에서 가장 큰 동물은…

…바다에 살아요! 여기 소개되는 바다 생물이 얼마나 커다란지 상상하며 읽어 보아요.

대왕고래

지구상에 존재하는 생물 가운데 가장 커다란 동물이에요. 가장 커다란 공룡보다도 훨씬 더 커요.

몸길이
33.5미터 – 버스 세 대를 이은 길이만 해요.

혀
코끼리 한 마리만큼 무게가 나가요.

심장
자동차만 한 크기예요. 대왕고래의 심장이 뛰는 소리는 3킬로미터 밖에서도 들려요.

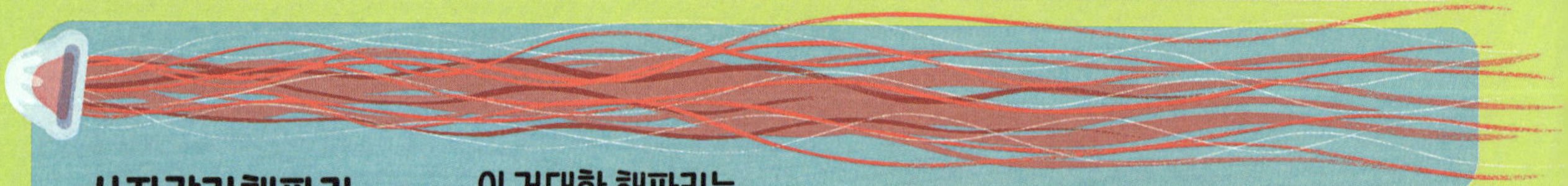

사자갈기해파리

이 거대한 해파리는 촉수를 뻗으면 길이가 대왕고래보다도 더 길어요.

거대태평양문어

거대태평양문어는 9미터가 넘게 자라요. 문어가 다리를 쫙 펼치면 테니스 코트 너비와 맞먹을 거예요.

해면

지금까지 발견된 가장 큰 해면은 어른 두 명과 비교할 때 이 정도 크기였어요.

키다리게

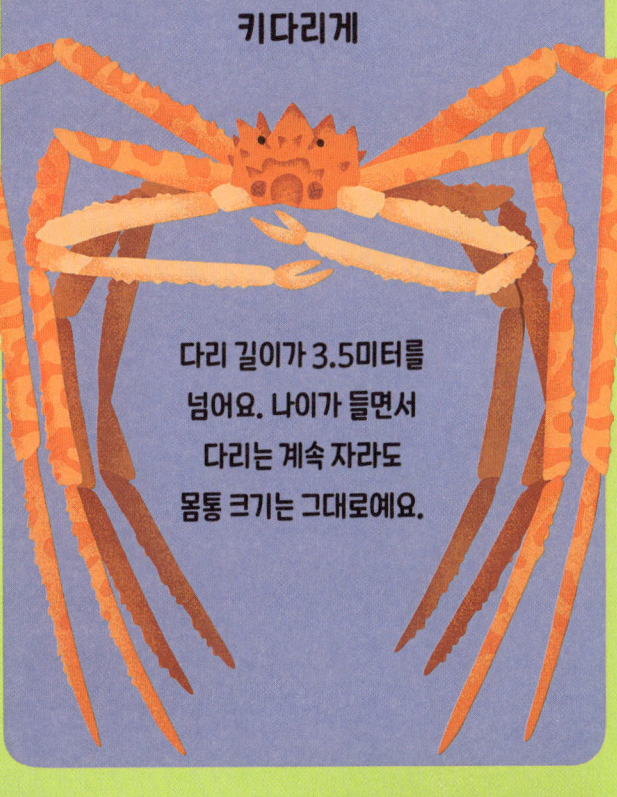

다리 길이가 3.5미터를 넘어요. 나이가 들면서 다리는 계속 자라도 몸통 크기는 그대로예요.

대왕오징어

깊고 어두운 바닷속에 살아요. 눈 크기가 커다란 접시만 해요.

우아! 다들 진짜 커요! 그런데 이렇게 거대한 동물들은 **왜** 바다에 살아요?

바다에서는 물이 몸을 지탱해 주기 때문에 육지에서보다 더 크게 자랄 수 있어. 육지에서는 자신의 무게에 몸이 뭉개져 버릴 거야.

어마어마하게 큰 배

여러분이 날마다 사용하는 물건들은 아마 배를 타고 바다를 건너왔을 거예요. **컨테이너선**이라고 부르는 거대한 이 배는 새로 만든 트럭부터 작은 인형까지, 다양한 물건을 생산된 곳에서 판매될 곳으로 실어 날라요.

거대한 크레인으로 컨테이너 상자를 2만 4,000개 넘게 실어요.

지금도 바다에는 5,000대가 넘는 컨테이너선이 떠 있을 거예요.

더욱 거대한 배

어떤 사람들은 거대한 **크루즈선**을 타고 세계 곳곳을 항해하며 즐거운 시간을 보내요. 가장 큰 크루즈선에는 승객 약 7,000명과 2,000명이 넘는 승무원을 태울 수 있어요.

항공 모함은 군용 비행기와 장비와 사람들을 실어 날라요. 가장 큰 항공 모함은 항공기 75대와 4,500명이 넘는 사람들을 태울 수 있어요.

쇄빙선은 얼음으로 뒤덮인 몹시 차가운 바다를 항해해요.

현상 수배! 위장의 귀재들

어떤 교활한 바다 생물들은 아주 놀라운 특기를 지니고 있어요. 다른 물체 또는 생물과 똑같이 보이도록 자기 모습을 바꾸어 숨는 거예요. 여러분은 이런 동물들을 본 적이 있나요?

이름: 갑오징어

특기: 바위, 모래, 산호 등 주변과 똑같이 피부색 바꾸기

알아두기: 갑오징어는 화학 물질을 이용해 피부 무늬나 피부 질감*을 바꾸어요. 배경과 똑같이 피부색을 바꾸어 순식간에 '사라진' 듯이 보일 수 있지요.

*표면에서 시각이나 촉각으로 느껴지는 독특한 성질

> 지금은 내가 보여도…

> …이러면 안 보이죠!

이름: 노랑씬벵이

특기: 해초 흉내 내기

알아두기: 노랑씬벵이는 잎 모양의 가시가 있고, 해룡은 해초 같은 지느러미가 있어요. 해초 속에 들어가면 감쪽같이 몸을 숨겨 천적을 피할 수 있지요.

이름: 나뭇잎해룡

이름: 핏줄문어

특기: 코코넛 껍데기처럼 몸을 숨길 만한 것을 가지고 다니기

알아두기: 핏줄문어는 몸을 숨기고 싶을 때마다, 가지고 다니던 코코넛 껍데기 속으로 들어가요.

나를 못 찾을걸요!

일급 비밀!

이름: 흉내문어

특기: 독이 있는 동물인 척하기

알아두기: 남을 감쪽같이 속이는 이 문어를 조심하세요. 흉내문어는 독을 지닌 다른 동물의 생김새와 행동을 모방해요. 그래서 포식자들이 쉽게 건드리지 못하지요.

위장하지 않았을 때

바다뱀을 흉내 낼 때

쏠배감펭을 흉내 낼 때

노랑각시서대를 흉내 낼 때

이렇게 자신의 모습을 다른 것처럼 꾸밀 수 있는 능력을 **위장**이라고 해.

라임으로 선원들의 건강을 지켰어요

수백 년 전, 선원들은 몇 달, 때로는 몇 년을 바다에서 보냈어요. 당시에는 음식을 신선하게 오래 보관하는 방법이 없었기 때문에 선원들이 식단은 제한되어 있었고, 건강에도 나빴지요. 주로 다음과 같은 것들만 먹었어요.

메뉴

애피타이저

선원용 건빵 또는 딱딱한 비스킷

밀가루와 물과 소금으로 만든 아주 딱딱하고 건조한 비스킷.

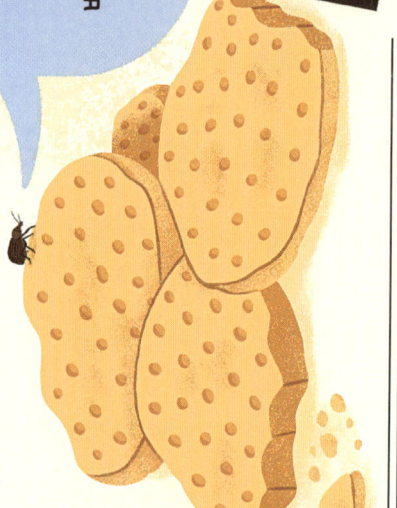

우리는 작은 딱정벌레 바구미예요. 곡물을 즐겨 먹어서 비스킷 속에 자주 들어가 있었죠. 선원들은 비스킷을 먹기 전에 우리를 내보내려고 톡톡 두드렸어요. 후다닥!

메인 요리

절인 소고기

상하지 않게 하려고 짠물에 절인 고기.

후식

절인 치즈

소금에 절인 딱딱한 치즈.

채소 없음

바다는 시끄러워요

바다는 고요할 거라고 생각하나요? 다시 잘 생각해 보세요.
바닷속은 사실 끊임없는 **소음**으로 가득해요.
심지어 지구에서 가장 큰 소리를 내는 바다 생물도 있어요.

시끄러운 소리를 내는 **물고기**가 참 많아요. **굴두꺼비고기**는 끄응, 끄응, 블룹 하는 소리를 내요!

새가라지는 쁘득쁘득 가는 소리를 크게 내요.

끄응, 끄응, 블룹!

쁘득쁘득쁘득

딱총새우는 집게발을 부딪쳐서 딱 하고 폭발음처럼 큰 소리를 내요. 우주 로켓이 발사될 때 나는 소리만큼 커요.

따아악!

딸깍!

성게는 바위에 붙은 먹이를 시끄럽게 긁어 대요.

뜨르륵뜨르륵

해마는 머릿속에 있는 뼈를 문질러서 딸깍 하는 소리를 내요.

42

고래는 노래를 부르듯이 휘파람 소리와 짤깍거리는 소리를 내요. 어떤 소리는 바다에서 가장 크게 난답니다.

우워어어어어어어!

참고래가 내는 소리는 놀랍게도 6,000킬로미터 떨어진 곳에서도 들려요.

끼익 끼익!

돌고래는 물속에서 코를 통해 딸깍딸깍, 끼익끼익 하는 큰 소리를 내요.

휘이이익!

딸깍딸깍 딸깍딸깍!

배, 잠수함, 군사 장비들도 바다에서 소리를 많이 내요.

부르르으으으응!

우리는 소리를 내서 서로 소통하고 길을 찾아요. 그런데 배와 잠수함이 큰 소리를 내면 우리가 서로의 소리를 듣지 못하고 혼란에 빠질 수 있어요.

서퍼끼리 쓰는 언어가 있어요

서핑에 진심인 서퍼들에게 파도타기는 그저 취미가 아니에요. 살아가는 하나의 방식이지요. 시간이 흐르면서, 서퍼들은 자기들끼리 쓰는 **언어**를 생각해 냈어요. 우리도 서퍼들의 언어를 배워 볼까요?

❶ '샤카 브로!' '던 패트럴' 나가려고! 오늘 파도 타러 나가서 진짜 신나.

❷ '유!' 저기 '브레이커스' 진짜 좋다! 너는 처음 파도를 타는 '그롬'이니까 내가 데려가 줄게.

❸ 서둘러요! '라인업'으로 빨리 가요!

❹ '듀드!' 저기 '에이-프레임스'를 빨리 타고 싶어!

❺ '헤이, 쿡', '드롭인'하지 마요!

1. 안녕, 친구! 새벽에 제일 먼저 나가려고! 오늘 파도 타러 나가서 진짜 신나.
2. 얘, 잘 돼 가니? 저 파도들은 진짜 좋다! 너는 처음 파도를 타는 어리고 경험 없는 서퍼니까 내가 데려가 줄게.
3. 서둘러요! 서퍼들이 파도를 타려고 기다리는 곳으로 빨리 패들링*해서 가요!
4. 친구! 저기 A형 파도를 빨리 타고 싶어! 서핑하기에 좋은 파도거든.
5. 이봐요, 규칙을 안 지키는 사람, 내 앞에 끼어들지 마요. 내 차례예요!

*보드가 앞으로 나아가도록 팔로 젓는 것

6. 우아, 최고야! 내가 터널 모양의 파도를 안쪽에서 타고 있어! 제일 멋진 파도야!
7. 서핑보드에서 넘어져서 보드에서 떨어졌어!
8. 긴 서핑보드 끝자락에 서서 오른발을 앞으로 내밀고 타는 저 서퍼 좀 봐. 진짜 멋지다!
9. 오늘 파도는 그만 탈래. 파도가 곧 크고 위험해지려고 해.
10. 젖은 서핑복을 벗어야겠어!

바다 생물도 직업이 있어요!

사람처럼 일하러 나가는 바다 생물도 있다는 사실을 알고 있나요?

새우와 **청소놀래기**라는 물고기는 붐비는 산호초에 청소 센터를 차렸어요. 물고기와 거북 같은 동물들이 들르면 새우와 청소놀래기들이 그 동물들의 몸에 붙은 찌꺼기나 작은 벌레들을 쏙쏙 떼어 먹어요.

청소 센터

청소놀래기

냠냠냠!

새우

청소는 서로에게 좋은 일이에요. 청소 받는 동물은 몸을 건강하게 가꿀 수 있고, 청소해 주는 동물은 먹이를 잔뜩 얻을 수 있으니까요.

다들 줄 서서 기다리고 있어요!

쥐돔은 몸이 더러워지면 몸의 하늘색이 진해져요. 청소놀래기는 그걸 보고, 깨끗하게 해 줘야 할 때를 잘 알아차리지요.

치과

동갈방어는 바닷속 치과 의사예요. 바다 생물들이 이빨을 늘 깨끗하게 유지하도록 도와주지요.

동갈방어는 상어의 입속으로 들어가서 이빨 사이에 낀 오래된 음식 찌꺼기를 떼어 낸 다음 헤엄쳐 나와요.

더 크게 벌리세요!

특별 뷔페

흰동가리는 독을 쏘는 말미잘의 촉수 사이로 드나드는 유일한 물고기예요.

우리 몸은 점액으로 뒤덮여 있어서 말미잘에게 쏘이지 않아요.

말미잘은 흰동가리가 떨어뜨린 먹이와 찌꺼기를 먹어 치워요.

먹이를 얻는 보답으로, 누구도 흰동가리를 잡아먹지 못하게 말미잘이 보호해 주지요.

바다에 관한 전설

수백 년 전 선원들은 육지를 떠나 드넓고 미지로 가득한 바다에서 많은 시간을 보냈어요. 그러면서 바다에서 본 신비로운 것들을 설명하는 이야기를 지었고, 이것이 **전설**이 되었어요.

노르웨이 선원들은 깊은 바닷속에 **크라켄**이라는 위험한 **바다 괴물**이 숨어서 가까이에 지나가는 배를 부서뜨린다고 생각했어요.

이 바다 괴물은 아마 대왕오징어였을 거예요. 거대하지만, 깊은 바닷속에 살며 사람에게 거의 해를 끼치지 않는 바다 생물이지요.

아프리카 선원들은 **마미 와타**라는 바다 정령이 아픈 사람을 낫게 하거나, 마음에 안 드는 사람을 물에 빠트려 죽게 한다고 믿었어요.

폭풍우가 몰아치면 선원들은 **플라잉 더치맨**이라는 버림받은 배가 파도 속을 헤치며 다니는 광경을 자주 보았다고 해요. 이 유령선이 보이면 위험이 다가왔다는 뜻이에요!

사실은, 바다에 닿은 햇빛이 굴절하면서 멀리 있는 것을 가까워 보이게 하는 신기루 현상이에요.

물고기가 만든 해변

모래는 대부분 바위와 조개껍데기가 파도 때문에 작은 조각들로 부서져 만들어져요.
하지만 어느 해변에는 모래를 만드는 특별한 바다 생물이 있어요…

…바로 **파랑비늘돔**이에요!
파랑비늘돔은 **산호**에서 자라나는 작은 식물과 같은 **조류**를 먹어요.

파랑비늘돔이 날카로운 이빨로 조류를 긁어내면 산호도 같이 갉아 먹게 되지요.

사실 우리가 산호를 도와주는 거예요. 조류가 너무 많으면 산호가 질식해서 죽을 수 있거든요.

특이하게 만들어진 모래가 또 있어요.

이 모래는 **밝은 분홍색**이에요. **유공충**이라는 작은 바다 생물로 만들어졌기 때문이지요. 유공충의 껍데기가 분홍색이거든요.

산호는 파랑비늘돔의 몸속을 지나면서 모래 같은 배설물이 되어 나와요.

이 배설물이 파도에 쓸려 해변에 **하얀 모래**로 쌓여요.

카리브해의 섬들과 미국 하와이의 몇몇 해변에는 파랑비늘돔이 만든 모래가 4분의 3을 차지해요.

이런 검은 바위들이 잘게 부서진 **검은 모래**가 해안으로 밀려와 쌓이지요.

화산이 바닷속에서 쏟아 낸 뜨거운 용암은 순식간에 차갑게 식어서 단단하고 **검게** 변해요.

태평양의 거대한 쓰레기 섬

태평양 한가운데에 가면 바다 생물과 배만 볼 수 있는 게 아니에요.
아주 거대한 쓰레기 섬들도 볼 수 있어요. 쓰레기 섬에 무엇이 있는지 한번 살펴볼까요.

바다 쓰레기를 치우는 방법

전 세계 사람들이 바다를 깨끗하게 청소할 방법을 함께 찾고 있어요. 지금까지 몇 가지 방법이 나왔어요.

커다란 그물로 쓰레기를 건질 수 있어요. 하지만 슬프게도, 쓰레기를 모두 치우려면 배 수백 척이 수백 년 동안 일해야 할 거예요.

과학자들이 플라스틱을 먹는 곰팡이를 발견했어요. 이 곰팡이로 플라스틱 쓰레기를 분해할 수 있을 거예요.

플라스틱 쓰레기를 아스팔트에 섞어서 도로나 자전거 길을 만들 수 있어요.

해변에서 플라스틱을 많이 주울수록 바다로 가는 플라스틱이 줄어들 거예요. 주운 플라스틱은 재활용할 수 있고요.

가장 좋은 방법은 플라스틱을 많이 사용하지 않는 거예요!

53

바닷속에 눈이 내리는 이유...

바다에서 생물이 죽으면 천천히 분해되어 작은 조각이 돼요.
이 조각들이 물속에 서서히 가라앉는 모습이 마치 **눈이 내리는 듯이** 보여요.

이것을 **바다 눈**이라고 하는데,
모래나 바위, 바다에 떠다니는
작은 알갱이에서 만들어지기도 해요.

진짜 눈처럼 바다 눈도
가라앉으면서 서로 뭉쳐
큰 덩어리가 돼요.

...그리고 그 눈을 먹는 신기한 생물들

바다 눈은 결국 바다 깊숙이 내려가 밑바닥에 가라앉아요.
특이하게 생긴 많은 바다 동물이 이 바다 눈을 먹어요.

해삼

우리는 촉수로
눈송이를 잡아서
먹어요.

냠냠냠!

먹장어

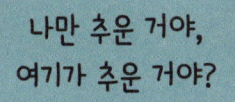

나만 추운 거야, 여기가 추운 거야?

흡혈오징어

우리처럼 바닷속 깊은 곳에 사는 생물은 바다 눈 말고는 먹을 게 거의 없어요!

거대한 심해 등각류

스코토플레인(바다돼지)

그러면 바다 눈은 생물들한테 모두 먹히는 거예요?

아니! 바다 눈은 수백만 년 동안 엄청나게 많이 내려 쌓이고 있어. 사실 깊은 바다의 4분의 3은 바다 눈으로 뒤덮여 있지. 어떤 곳은 거대한 산이 생겼을 정도야.

짠물을 좋아하는 나무

일부 열대 지역에는 해안가를 따라 맹그로브라는 나무들이 울창하게 숲을 이루고 있어요. 맹그로브 나무는 복잡하게 뒤엉킨 긴 뿌리를 짠 바닷물 속으로 뻗어요. 대부분의 나무는 소금기가 있는 물에서 살아남지 못하지만, 맹그로브는 가능해요.

맹그로브 나무는 뿌리를 통해 바닷물을 마셔요. 뿌리로 흡수된 바닷물은 가지와 잎으로 빨려 올라가요. 바닷물과 함께 흡수된 소금기는 잎에 있는 작은 구멍으로 내보내요.

단, 소금을 너무 많이 흡수하면, 맹그로브 나무도 죽어요.

나뭇잎에 맺힌 소금 결정이 다이아몬드처럼 반짝거려요!

왜가리

홍따오기

새 둥지로군 게

진홍저어새

물수리

흰뺨

바다에서 에너지를 만들어요

부서지는 파도, 세차게 드나드는 조수, 거센 바람, 심지어 바다를 비추는 태양까지, 이 모든 것이 **전기**를 만들어 낼 수 있어요. 어떤 방법인지 살펴봐요.

수상 태양광 발전

바다에는 공간이 넓게 펼쳐져 있고 바다까지 내리쬐는 햇빛을 가로막는 것은 아무것도 없어요. 물에 나란히 **떠 있는 거대한 태양 전지판**이 햇빛을 흡수해서 에너지로 바꾸어요.

전기는 기다란 해저 케이블을 통해 육지로 전달돼요.

해상 풍력 발전

바다에는 바람이 몹시 세차게 불어요. 전기를 만드는 거대한 풍차인 **풍력 터빈**은 이 거센 바람의 힘으로 돌아가요.

조력 발전

조수 간만의 차를 이용해요. 해수면이 밀물에 높이 올라가고 썰물에 내려가면서 물속에 있는 날개가 돌아가 전기가 만들어져요.

파력 발전

파도는 바닷물이 위로 높이 솟구쳐 해안으로 밀려왔다가 아래로 떨어지며 부서지는 거예요. 이때 수면에 떠다니는 기계가 함께 움직이며 물속에 있는 펌프를 작동시켜 전기를 만들어요.

우아, 바다에서 얻는 에너지가 굉장히 다양해요.

맞아! 세계의 전기를 모두 바다에서 얻을 수 있어. 하지만 시설을 갖추기에는 비용이 많이 들고, 바다에 설치한 기계들이 야생 동물에게 해를 끼칠 거라고 생각하는 사람들도 있어.

바다야, 잘 자!

물고기나 다른 바다 생물도 우리처럼 잠을 잘까요?

그럼요! 바다 생물은 모두 건강을 위해 잠을 자야 해요. 하지만 잠자는 방식은 우리와는 꽤 달라요.

상어를 비롯해 **물고기**는 잘 때 눈을 감지 않아요. 또 헤엄을 계속 치고 있지만 심박수는 더 느려지지요.

바위나 산호 틈새에 비집고 들어가 자는 바다 생물도 있어요.

어떤 바다 생물은 모래 속으로 파고들어요.

파랑비늘돔은 몸을 숨기려고 점액을 뱉어 침낭처럼 온몸을 감싸요.

물고기도 사람처럼 밤에 자나요?

밤에 자는 물고기도 있고, 아닌 물고기도 있어. 밤에 잠들지 않는 물고기는 낮에 휴식을 취해. 하지만 물고기가 오랫동안 잠자는 경우는 무척 드물어.

말미잘은 촉수를 오므려요.

돌고래는 위험에 대비해 한쪽 눈을 뜨고 자요.

이쪽은 잠자는 쪽이에요.

이쪽은 깨어 있는 쪽이에요!

게는 잠깐 잘 때 다리를 껍데기 안쪽으로 오므리고 두 눈을 가려요.

쿨쿨쿨쿨!

쿨쿨쿨쿨!

조개는 껍데기를 꼭 닫아요.

문어는 몇 시간밖에 잠을 자지 않아요. 하지만 꿈도 꾼답니다.

우리는 꿈을 꿀 때 몸을 씰룩거리거나 몸 무늬를 바꿔요.

낱말 풀이

이 책에 나온 단어의 뜻을 아래에서 찾아볼 수 있어요.

괴혈병 비타민C가 부족해서 생기는 병. 옛날에 신선한 과일과 채소를 오랫동안 먹지 못한 선원들이 흔히 걸린 병이에요.

맹그로브 나무 해안가에 사는 나무로 짠 바닷물에 뿌리를 내려요.

물의 압력 물의 무게가 위에서 내리누르는 힘. 깊은 바닷속은 압력이 매우 높아요.

미세 플라스틱 플라스틱병, 비닐봉지, 그 밖에 쓰레기가 바다를 떠다니다 부서져 생긴 작디작은 플라스틱 조각

바다 눈 죽은 바다 생물이나 모래나 바위의 작디작은 조각으로, 바다 밑바닥까지 눈처럼 내려가요.

블롭피시 깊은 바닷속에 사는 물고기인데 물 밖으로 나오면 물컹물컹하니 부풀어요.

빙산 아주 차가운 바다에 떠 있는 거대한 얼음덩어리

산호 바위에 붙어 사는 작은 바다 동물. 수많은 산호가 모여서 산호초를 이루어요. 단단한 골격이 자라나 몸통을 감싸요.

살아 있는 화석 수백만 년 전과 변함없이 똑같은 생물

생물 발광 일부 바다 생물이 스스로 빛을 내는 것

섬에 버리기 벌로써 먹을 것이나 물도 없이 무인도에 해적을 버리고 가는 것

위장 동물이 주위와 똑같이 보이도록 변신해서 몸을 숨기는 방식

조류 바다에 사는 식물 같은 생물. 일부는 산호 속에 살아요.

집게 피부가 연약한 게. 낡은 고둥 껍데기를 찾아서 그 속에 몸을 숨기고 살아요.

촉수 동물의 일부분으로 팔처럼 길고 가느다래 뭔가를 붙잡고 움켜쥐는 데 쓰여요.

컨테이너선 물건을 담은 커다란 강철 상자를 운송하는 거대한 배

켈프 바닷속에 울창한 숲을 이루는 해초류

포식자 다른 동물을 사냥하는 동물

플랑크톤 해류를 따라 바다에 떠다니는 수십억의 작디작은 생물

해초 바위에 붙어 자라거나 물에 떠다니는 바다 식물류

찾아보기

가니메데 29
가마우지 20
강 23
게 16, 35, 56, 61
고래 34, 43
괴혈병 41, 62
군함새 20
굴 27
규칙 30-31, 44
껍데기 17, 27, 32, 39, 50, 61

남극 24

달 6, 28
대왕오징어 35, 48
도거랜드 33
돌고래 43, 61
동갈방어 47
동물 플랑크톤 3

라임 40-41

말미잘 16, 47, 57, 61
맹그로브 나무 56-57, 62
메갈로돈 14
모래 23, 32, 38, 50-51, 54, 60
모사사우루스 15
목성 29
문어 3, 27, 34, 39, 61
미세 플라스틱 52, 62

바다 괴물 48-49
바다 눈 54-55, 62
바다뱀 32
바다표범 25
바닷새 20-21, 25
백상아리 카페 26
보물 31
북아메리카 26
북해 33
블롭피시 12-13, 62
빙산 2, 24-25, 62
뿌리 56-57

사막 32
사하라 횡단 해로 32
산호 6-7, 16, 38, 50-51, 60, 62
산호초 6, 46
살아 있는 화석 15, 62
상어 4-5, 14, 26, 47, 57, 60
새 20-21, 25
새우 42, 46
생물 발광 8-9, 62
서핑 44-45
선원 18-19, 40-41, 48-49
섬에 버리기 31, 62
소금 10, 21, 40, 56-57
소음 42-43
쇄빙선 36
수상 태양광 발전 58

숲 22, 56-57
식물 플랑크톤 3, 25
심해 13, 23, 35, 48, 54-55
쓰레기 47, 51, 52-53

악어 32, 57
알 6
압력 13, 62
앨버트로스 21
엔켈라두스 29
엘라스모사우루스 14
여자 선원 18-19
오징어 8, 26, 35, 48, 55
옥토폴리스 27
위성 28-29
위장 38-39, 62
유공충 50
유로파 29
음식 10-11, 20, 26, 40-41, 42, 47, 54-55
이빨 4-5, 14-15, 47, 50
인어 49

잠 20, 60-61
재활용 53
전기 58-59
전설 48-49
조개 27, 61
조력 발전 59
조류 7, 50, 62
집게 17, 62

63

청소 30, 46-47, 53
청소놀래기 46
촉수 34, 47, 54, 62

카리브해 51
컨테이너선 36, 62
켈프 22, 62
크루즈선 36
크릴 25

태양광 발전 58
태평양 6, 26, 52
태평양의 거대한 쓰레기 섬 52

토성 29

파도 33, 44-45, 50-51, 59
파랑비늘돔 50-51, 60
파력 발전 59
펭귄 20, 25
포식자 39, 62
폭포 23
풍력 발전 58
플라스틱 52-53, 62
플라코돈트 14
플랑크톤 3, 25, 62

하와이 45, 51
항공 모함 36
해면 35
해변 16, 50-51, 53
해삼 54
해적 19, 30-31
해초 10-11, 22, 38
해파리 8, 15, 34, 57
헬리코프리온 15
홍합 32
화산 23, 51
흰동가리 47

※ 어스본 출판사는 어스본 바로가기에서 추천하는 웹사이트들을 규칙적으로 확인하고 있습니다. 하지만 추천 웹사이트 외에 다른 웹사이트의 내용에 대해서 책임지지 않습니다. 다른 추천 사이트들을 살펴보다가 바이러스에 걸릴 경우, 어스본 출판사는 피해에 대해 책임지지 않습니다.

한국어판 1판 1쇄 펴냄 2024년 7월 1일
옮김 신인수 편집 권하선 디자인 황혜련 펴낸곳 (주)비룡소인터내셔널 전화 02)6207-5007 팩스 02)515-2007
한국어판 저작권 © 2024 Usborne Publishing Limited
영문 원서 Lots of things to know about Seas and Oceans 1판 1쇄 펴냄 2024년
글 에밀리 본 그림 레이철 손더스 디자인 리지 노트 외 감수 잭 래버릭
펴낸곳 Usborne Publishing Limited usborne.com
영문 원서 저작권 © 2024 Usborne Publishing Limited
이 책의 영문 원서 저작권과 한국어판 저작권은 Usborne Publishing Limited에 있습니다.
저작권법에 의하여 한국 내에서 보호를 받는 저작물이므로 무단전재와 복제를 금합니다.
어스본 이름과 풍선 로고는 Usborne Publishing Limited의 트레이드 마크입니다.